Las ardillas listadas

Kate Riggs

CREATIVE EDUCATION

semillas del saber

Publicado por Creative Education
P.O. Box 227, Mankato, Minnesota 56002
Creative Education es una marca editorial
de The Creative Company
www.thecreativecompany.us

Diseño de Ellen Huber; producción de Dana Cheit
Dirección de arte de Rita Marshall
Impreso en los Estados Unidos de América
Traducción de TRAVOD, www.travod.com

Fotografías de Dreamstime (Isselee, Dana Kenneth Johnson, Sandra Van Der Steen), Getty Images (Gary Carter/Corbis Documentary, Frank Cezus/The Image Bank, Leonard Lee Rue III/ Science Source), iStockphoto (Daddy1971, eDarlingPhoto, GlobalP, JeffGoulden, kellymarken, legna69, Nekan, TheSleepyRabbit), Shutterstock (allanw, Eric Isselee, Margaret M Stewart, stock_shot)

Información del Catálogo de publicaciones de la Biblioteca del Congreso is available under PCN 2018931021.
ISBN 978-1-64026-089-4 (library binding)

9 8 7 6 5 4 3 2 1

TABLA DE CONTENIDO

¡Hola, ardillas listadas!

Las ardillas listadas con mejillas hinchadas son animales del jardín trasero.

Les gustan los lugares con árboles y arbustos.

Una ardilla listada peluda tiene rayas en su lomo.

También tienen rayas en su cara.

Existen alrededor de 25 tipos de ardillas listadas.

Pueden ser de color gris a marrón rojizo.

Las ardillas guardan semillas y nueces. Comen bayas y bichos.

Mueven la comida de un lugar a otro.

Los cachorros son ardillas bebé. Nacen en camadas.

Al comienzo, los cachorros tienen la piel rosada.

Su pelaje crece más tarde.

"Chip-chip-chip," dice la ardilla listada.

Está buscando comida. Está cavando una madriguera.

Luego se duerme durante horas.

¡Adiós, ardillas listadas!

Dibuja una ardilla listada

pelaje a rayas

ojo
mejilla
cola
garra

Palabras que debes saber

camadas: grupos de crías nacidos al mismo tiempo

madriguera: un agujero o túnel cavado en el suelo

Índice